AF329562

ADVIS SVR LES CAVSES DES MOVVEMENS DE L'EVROPE.

Enuoyé aux Roys & Princes, pour la conseruation de leurs Royaumes & Principautez.

FAIT PAR MESSIRE ALERIMAND Conrad, Baron d'Infridembourg, & Comte du Palatinat.

Et presenté au ROY, par le Comte de Fistemberg, Ambassadeur de l'Empereur.

Traduict par le Commandement de sa Majesté.

A PARIS,

Chez PIERRE ROCOLET, au Palais, en la galerie des prisonniers.

M. DC. XXI.

Auec Priuilege du Roy.

ADVIS DONNÉ

AVX ROYS ET PRINCES,

Sur le subject des Guerres de ce temps, pour la conseruation de leurs Estats & Monarchies.

ENVOYEE AV PRINCE
Palatin, par le Comte de Fridembourg.

Eux choses, ô Roys inuincibles & Princes tres-Illustres, m'ont conuié à vous escrire ; l'Experience & ma Vieillesse ; Cette-cy me doit donner credit vers vous, puisque i'ay quatre vingts trois ans passez, Que ie suis sans enfans ny successeur qui m'oblige à rechercher vos faueurs : & qu'il ne me reste rien à desirer de vos Bien-veillances, mes yeux n'estant plus occupez qu'à considerer le lieu de ma Sepulture.

A

L'experience me doit auſſi authoriſer pres
de vous, puis que ſans ſoupçon de vanité ie
puis monſtrer que depuis la iournée de Pauie
iuſques en l'année 1585. i'ay continuellement
potté les armes, exercé les plus grandes charges de la Milice, receu vingt-cinq playes le
viſage tourné vers les ennemis, eſté recom-
penſé treize fois extraordinairemēt pour ſer-
uices rendus, & qu'encores à preſent mon
extréme vieilleſſe eſt employée aux Ambaſ-
ſades & Conſeils d'importance.

C'eſt pourquoy les larmes à l'œil, & l'Eſprit
ſur les leures, ie vous inuite, ô Roys & Princes
d'auoir memoire de ces dernieres parolles;
Et vous coniure de les oüyr & lire vous meſme attentiuement, & ne vous contenter de
les ſçauoir par le rapport de vos gens d'affaires : Pource qu'aucuns d'eux ont à contre-
cœur les Conſeils pour bons qu'ils puiſſent
eſtre, qui ne ſont prouenus de leur iugement;
D'autres trauaillez d'ambition ou de leurs
particuliers interreſts, pour demeurer plus
longuement en l'eſtime des Princes qu'ils ſer-
uent, eſloignent de leur Cour & de leurs
Conſeils ceux qui s'en veulent approcher.

Ie deſire toutesfois que les vns & les autres
ſoient ſatisfaicts de moy; les premiers pour
ce qu'ils cognoiſtront clairement que mon

aduis eſt ſalutaire, & qu'il n'a encore eſté pro
poſé; & les derniers ne me trouueront enui-
eux de leurs commoditez , ny competiteur
en leurs charges; m'eſtant permis de dire auec
le fidel amy du Roy treſſainct, Quels ſont
les iours de ma vie, pour môter auec le Roy en
Hieruſalem? Ie ſuis à cette heure Octogenai-
re, n'ay-je pas encore les ſens aſſez bons pour
diſcerner le doux d'auec l'amer; Voulant
donc ſincerement, ſans eſperance ny crainte
de bien ny de mal, comme eſtant ſur le point
de rendre compte au Iuge Eternel, dire ce
qu'il me ſemble des affaires qui roullent à preſent, & auſquelles j'ay occupé la meilleure
partie de ma vie, ie vous demande, ô Roys &
Princes vne fauorable attention.

Deſia par vn ſiecle entier nous auons veu
auec douleur partie de l'Europe diſſipé en des
diſſētions ciuilles & l'autre craignāt les maux
qu'apporte la guerre, conſommer ſes commoditez en appareils pour s'en deliurer; Les
cauſes de telles émotions n'ont eſté que trop
cogneües, eſtant certain qu'vne profonde
auarice, vn appetit deſreiglé de dominer, ou
bien vne exceſſiue ſuperſtition les ont pro-
duit: car encore que les bons Princes ſoient
Religieux à ne declarer la guerre que par
vne preſſante neceſſité, ſi ne s'en treuue-

il que rarement qui n'aye ce defir d'eftendre les limites de leur fouueraineté. Et tout aínfi que la fumée noircit indifferemment tout ce qu'elle rencontre, de mefme ces peftes s'infi- nuent dans les ames, & par de funeftes per- fuafions déprauent ce qui a efté vertueufe- ment inftitué: D'où vient que trouuant place dans les efprits des Roys & Princes, elles in- fectent incontinent les Chefs des gens de guerre, & portent les volontés des foldats à defirer des nouueautez; ce qui fait que les ar- mées (quoy que mifes fur pied, pour deffen- pre les bons contre les mefchans) ne laiffent de commettre toutes fortes d'excés & de violences, & en fin malheureufement fe dif- fiper: Ainfi chacun donne maintenant, com- me on a fait autresfois, telle couleur qu'il veut à fes armes; aucuns les couurent d'vn mãteau de Iuftice, d'autres font trophees de leur im- pieté? & rarement s'en rencontre-il qui aye le pretexre fi bon qu'il ne s'y trouue quelque malice noire, fecrettemẽt entremeflee; Tou- tes lefquelles caufes font auiourd'huy con- jointes à vne autre plus puiffante; & qui les rẽd moins fufceptibles de remedes qu'elles ne l'eftoient auparauant; c'eft elle qui r'affemble, émeut, & fait agir les vices plus violẽmẽt qu'à l'ordinaire: Et afin que la cognoiffiés, ie vous

diray, ô Rois & Princes, ce que personne n'o-
seroit vous reprocher, si elle n'est sur le bord
du cercueil: C'est vostre ignorāce, peu de soin
& damnable lentitude aux affaires, veu
que du sçauoir, vigilance & action, dépen-
dent les piuots sur lesquels les Royaumes ont
coustume de se mouuoir. Que si trop libre-
ment ie vous parle, vous deuez pardonner à
ma franchise, puis que vous escoutez vn veritable Conseiller, & non vn flatteur, & que les
meilleurs Côseillers sont ceux qui sont morts
ou proches de mourir: L'ignorance des Rois
est, qu'ils pensent ne faire la guerre que pour
r'auoir ce qui leur appartient, venger des ou-
trages, deffendre leurs alliez, proteger la pieté: & toutesfois les desseins de ceux qui les
jettent en telles entreprises sont tous autres,
& les euenements dissemblables, ne desirant
rien plus sinon que les Rois & Princes soient
despoüillez de leurs Estats, que la forme ob-
seruée au maniment de la chose publique
soit changée, que les Maistres des Roys
commandent à leurs Ministres, & que l'Allemagne affoiblie par de sanglants combats,
soit en fin reduite à souffrir le joug de la tyrā-
nie des Ottomans.

Du temps de nos peres, Charles Duc de
Gueldre, qui fut surnommé le Hardy pour

ſon haut courage, eut guerre ciuile auec le Roy de France, les pretextes en furent diuers, la gloire de s'agrandir, la vengeance des iniu-res: & comme écrit Commines, qui partici-poit aux conſeils plus ſecrets, le Roy ny Char-les ne ſceurent oncqu̅es les cauſes pour leſ-quelles leurs Miniſtres & Capitaines les auoient jettez aux armes; ceux du Roy preſ-ſoient leur Maiſtre de rompre auec le Duc, afin que la puiſſance de Charles eſtant dimi-nuée, il fut reduit à implorer la paix par l'en-tremiſe de quelque Prince du ſang, auquel il donneroit ſa fille en mariage: Et pource on luy écriuoit de la Cour du Roy qu'il vint en France, & qu'il y trouueroit des amis.

Ainſi à leur dommage ces Princes ſe fai-ſoient la guerre à l'appetit de leurs Seruiteurs, & ſans legitime occaſion, mettoient leurs Prouinces à Feu & à Sang.

Encore à cette heure vos armes ſont aueu-gles, ô Roys & Princes, parce que, ou vous eſtes perfidemment pouſſez à la guerre par vos Domeſtiques, ou doleuſement par les Eſtrangers, & tous deux concurrent en meſ-me volonté de bouleuerſer meſchamment voſtre Monarchie ou Principauté, qui eſt le poinct auquel ſe termine la fureur des émotions: & ſi l'on daigne conſiderer de

prez

ces Flambeaux ou Trompettes de Seditions, on trouuera qu'ils ont affoibly les Monar-chies pour les changer en Aristocratie ou Democratie, & que par leurs artifices les for-ces des Roys, & les richesses des particuliers ont seruy à produire telle mutation : & tout de mesme qu'on voit au cours de la vie vn Circuit, & qu'auec la suitte des années les affections changent l'estude & les exercices; ainsi dans le corps du Monde, & en la societé des Mortels, il s'y remarque vne pareille di-uersité, qui n'est pas seulement vtile, mais aus-si approuuée.

Au commencement que les peuples furent diuisez en Nations, les Citez estoient souue-rainement regies par les Roys, & viuoient en paix & douceur sous leur authorité ; tous vouloient vn Roy, vnissoient leurs volontez pour l'eslire, puis le conseruoient au peril de leurs vies : Mais aussi-tost que les Roys eurēt mis les peuples à mespris, imposé sur eux des tributs, exigé des peages, commandé des ouurages outre raison, & que ce qu'ils auoiēt osté aux necessiteux se voyoit consumé au luxe de leurs suiuants, la forme du Gouuer-nement fut changée, & au lieu des Roys, le peuple, ou les Principaux prindrent en main le regime Souuerain.

Apres que les Tarquins eurent esté chaſſez de Rome, peu de Roys commanderent
en Italie, & demeurerent les Peuples quaſi
en vne entiere liberté : les premieres Hiſtoi-
res font mention de Tatius Sabinus, & les
dernieres de Porſenna, qui s'efforça de re-
mettre les Tarquins : & lors, vn Roy aſſaillit
l'autre; les Latins entreprindrent la meſme
choſe, afin que le Peuple qui commandoit
dehors, ſeruiſt dedans la ville, ou pource que
les Latins en eſtabliſſant leur Roy affermiſ-
ſoient par ce moyen leur puiſſance.

Or pour ſçauoir quelle haine conceut en ce
temps là le Peuple d'Italie contre le nom de
Roy, les calamitez que ſouffrirent les Ve-
ientins le monſtrerent aſſez, leſquels pour
auoir creé vn Roy entre-eux, afin d'éuiter
eminent peril, furent abandonnez de leurs
Voiſins au beſoin.

Depuis, la puiſſance des Romains croiſſant,
le nom de Roy ſe perdit; l'Italie & l'Eſpagne
eſtoient ſans Roys ; l'Affrique auoit celuy
de Numidie & quelques autres ; celuy des
Carthaginois eſtoit puiſſant, & ſon Empire
eſtendoit ſes limites ſur celles des autres
Roys, la Gaule en auoit peu, & l'Allemagne
n'auoit que de petits roytelets ; le meſme
eſtoit dans les nobles contrées de l'Aſie; &

d'autant que leurs esprits estoient éloignez
de la Royauté, ils choisirent le Gouverne-
ment populaire ; D'où vindrent les Prolo-
mées, Antiochus, Attalus, Deiotarus, Nico-
medes, Massinissa, & autres qui furent faits
captifs ou tributaires des Romains, & ne re-
gnerent que par leur permission, iusques à ce
que de leur consentement ou par force,
leurs Prouinces estant subiuguees , ils serui-
rent d'accroissement à la grandeur des plus
puissants.

Ce temps-là auquel les esprits estoient
portez à hayr les Roys, semble par vne vicis-
situde des choses estre maintenant retour-
né ; veu qu'on ne s'ayde à ceste heure de la
force des Roys que pour ruiner les autres
Roys, & en leurs places substituer des Gou-
uernements populaires. De sorte que si leurs
desseins reüssissent , à peine dans peu de
iours, ouïra-on parler du nom de Roy dans
les plus florissants Royaumes, leur pensée
ne visant à autre obiect sinon de l'abolir, &
par audace & legereté former de nouuelles
Republiques; Ils presument en ce faisant de
prendre part dans la souueraineté, & qu'ils
commanderont & obeyront à leur tour ; ce
qu'ils sçauent n'auoir lieu dans les Royaumes & Principautez.

Vne autre esperance encore les nourrit, qui n'eſt vaine, de pouuoir en brief chaſſer les Roys de l'Europe, s'ils ne ſont preuenus; dequoy les ſages Politiques diſcourent en ceſte ſorte.

Dans le deſtroit de la mer Adriatique, la Nobleſſe de Veniſe y commande abſolument; laquelle confederée auec le Turc, a conquis ſur les Princes ſes voiſins ce qu'ils y poſſedoient; le reſte de l'Italie qui auoit à meſpris les Empereurs de Conſtantinople à l'imitation des Venitiens, leue la teſte, eſperant d'obtenir vne ſemblable liberté ; ſes principalles villes ſont Milan, Gennes, Piſe, Florence, Luques, leſquelles ſe ſont roidies contre les Roys, iuſques à ce qu'elles ayent eſté extenuees par guerres continuelles. Les Suiſſes pareillement ſe ſont ſouſtraits de la domination de leurs Princes, & non contents de s'eſtre reuoltez, ſe ſont mis en deuoir de ruiner entierement la Nobleſſe de leur pays; & apres auoir acquis leur liberté auec grand' perte de ſang, ils ont fait des loix ſoubs leſquelles ils viuent, ſe ſont liguez auec les autres peuples qui habitent les Alpes, & par ce moyen rendu formidables aux Roys, & faits arbitres des guerres entre Frāce & Allemagne; lequel exemple cognu d'vn chacun , a eu d'autant plus de force pour efmouuoir les autres peuples a fortir de l'obeyffance, que perfonne n'a confideré la confequence d'vn tel changement, ny le peril qui s'en peut enfuiure.

Les Grifons fe font ioints aux Suiffes, & autres peuples qui habitent les Alpes, Geneue refufe de recognoiftre fon Prince, Bafle, Conftance, Strasbourg, font entree en alliance auec eux.

D'autres Citez fe font foufleuees à mefme fin contre l'Empereur, contre les Princes, ou bien contre leur Senat domeftic : car quelle ville y a-il qui au delà de cent ans n'aye chaffé ou tué fon Senat? & la caufe de tous ces maux eft cefte liberté recherchee contre les loix, & par toutes fortes de mefchancetez.

Le Septentrion n'eft pas en meilleur eftat, Lubec, Hambourg, Dantifc, Roftoch, Breme, & les autres villes qu'on appelle Anfiatiques fe font vnies malgré l'Empire, & leurs richeffes les ayant rendues prefomptueufes, ont fecoüé la domination des Seigneurs & Princes, fous l'authorité defquels elles s'eftoient agrandies; laquelle mutation ne fuft lors affez confiderée, ou pour ce qu'elle arriua en diuers temps que le dommage qu'elle apportoit ne touchoit vn seul Prince, mais plusieurs qui estoient entre-eux diuisez : sçauoir l'Empereur, l'Holsate, Dannemarch, Prusse, Saxe, & nombre d'Euesques qui furent lors depossedez du domaine qui leur appartenoit ; Ce premier pas fut fait pour aller affoiblir la puissance des Princes : mais l'on y proceda puis apres assez lētement. Le Turc pressoit lors les Venitiens peu courageux. Les Suisses paisibles de leur naturel, n'estans riches, ny munis de Cauallerie, aimēt mieux garder leurs pais, que de conquerir celuy d'autruy. La puissance des villes Ansiatiques estoit égalle à celle de quelque souueraineté que ce fust ; & ne laissoient pourtant d'estre entre-elles diuisées, & chacune auoit chez soy quelqu'vn que l'on jalousoit, qui cherchoit de s'emparer de l'authorité, & se faire le maistre ; ainsi n'ayant peu demettre l'Empereur ny les Princes de leur siege, ils se sont contentez de les affoiblir, s'appropriant leurs richesses & reuenu ordinaire. D'où vient que l'Empire qui est grand, n'est qu'vn corps destitué de nerfs sans ses villes.

Cette Republique ainsi establie, encore les esprits n'estoient-ils d'accord s'ils choisiroient le gouuernément d'vn seul ou de plusieurs, & cependant qu'ils se mocquoient des

Princes & de la Nobleſſe, appellants ceux-là
Senateurs de villes, & ceux-cy païſans, & va-
lets de cuiſine de quelque homme de Cour,
ils declinerent tout d'vn coup en l'admini-
ſtration populaire.

Quand les Flamans, que le trop grand aiſe
rendit mal'heureux, ſe reuolterent contre
leur Souuerain. La cauſe impulſiue de leur
ſouſleuement ne fut autre que pour s'affran-
chir de la domination d'Eſpagne. Le Prince
d'Orange & autres conjurez pour n'eſtre tenus de rendre compte du changement qu'ils
auoient fait des Magiſtrats ny de leurs autres
actiõs, ils firent conſentir aux villes par art ou
par force, que les Senateurs de chacune au-
roient pouuoir de manier les deniers publics,
& diſpoſer des affaires comme ils iugeroient
à propos, ſans qu'ils en peuſſent eſtre recher-
chez. Telle fut la cauſe de leur rebellion, nõ
la Religion, ny les exactions, ainſi qu'ils l'ont
voulu publier, car les Eſtats pourueurent premierement à la Religion Catholique, puis
recogneurent Mathias d'Auſtriche jeune
Prince pour leur Gouuerneur. En troiſieſme
lieu eſleurent pour leur chef le Duc d'Alençon qui eſtoit Catholique, & ne peuuent dire
auec raiſon que la violence ou les impoſitiõs
enormes les ayent fait ſouſleuer, veu qu'ils en

supportent auiourd'huy dix fois dauantage qu'ils ne faifoient lors : que fi l'on regarde de prés à leurs loix, on trouuera qu'ils les ont tirées de celles des Venitiens: car celles qu'ils donnerent à Mathias Archiduc d'Auftriche, font telles.

I. L'Archiduc gouuernera les Prouinces par le Confeil des Eftats, & luy feront donnez des Confeillers par les ordres generaux des Eftats, & les Originaires du païs declarez propres à telles charges par deffus tous autres.

II. Tous affaires feront refolus par la voix & fuffrages des Confeillers, & apres qu'ils auront efté conclus, il ne fera au pouuoir d'y deliberer de nouueau, ny changer quelque chofe.

III. Si quelqu'vn des Confeillers ne fe cô-porte auec probité en leurs charges, ou qu'elle leur foit de trop grãd poids, à la prie-re des Ordres generaux, il y fera pourueu.

IV. Aux affaires de grande importance, qui regarderont le bien General des Prouin-ces, le Gouuerneur n'y pourra prendre aucu-ne refolution fans le confentement des Or-dres Generaux.

V. Qu'aux chofes difficilles, ou qui regar-dent toutes les Prouinces, comme les impo-

fitions,

fitions, collectes de deniers, conditions dé paix ou de guerre auec Princes ou peuples Eftrangers, obligations & autres chofes femblables. Les Ordres Generaux feront tenus d'en communiquer aux principaux des communautez auant que de rien conclure; eftant iufte que çe qui regarde l'intereft d'vn chacũ foit par eux approuué, les Priuileges & Couftumes du pays l'ayant ainfi de tout temps ordonné.

VI. Que le Gouuerneur fans le Confeil & confentement des Ordres Generaux legitimement conuoquez, ne pourra eftablir aucune nouueauté ou chofes infolides, en vertu d'Ordonnance ou mandement de qui que ce foit.

VII. En tous les affaires aufquels le Prince naturel du pays, comme Duc de Brabant fouloit danner fa refolution, refpondant les Cahiers du Duché de Brabant, Le Gouuerneur ne le pourra faire que par l'aduis des Ordres Generaux, & les Deputez feront obligez de les reprefenter aux Eftats Particuliers dudit Duché premier qu'à nuls autres.

VIII. Toutes lettres que receura le Gouuerneur qui concerneront en quelqué forte l'Eftat d'vne des Prouinces, feront par luy prefentées au Confeil d'Eftat, afin qu'il y foit deliberé & refolu.

IX. Qu'au Confeil d'Eftat il ne fera traitté d'aucun affaire graue, difficille, ou qui regardera les trois Ordres, qu'en la prefence du plus grand nombre, non autrement.

X. Que tous Actes, Decrets & Refolutiós du Confeil feront annotées dans les regiftres, & foufcrittes.

XI. Que le Couuerneur reftablira & confirmera les Couftumes, Piuileges & Inftitutions anciennes, caffées, furciles ou oftees par violence.

XII. Les Deputez des Ordres Generaux demeureront affemblez, tant qu'ils verront neceffaire pour le paracheuement & expedition des affaires, comme auffi les Ordres Generaux fe pourront affembler toutes & quantes-fois qu'il leur plaira.

XIII. S'il fe prefente quelque affaire d'importance, pour lequel il foit befoin d'affembler les Eftats, vne Prouince le requerant, les autres feront tenues de s'y trouuer; & le pourront faire fans attendre fur ce les mandements ou confentement du Gouuerneur.

XIV. Aux ordres particuliers de chaque Prouince, fera permis de s'affembler quand ils voudront, & en tout temps.

XV. Le traicté de paix fait à Gand sera exactement obserué en tous ses poincts, sans qu'aucunement ny soubs aucun pretexte il puisse estre enfreint ou diminué.

XVI. Et afin que l'interpretation du Traitté susdit ne puisse apporter different ou difficulté l'explication des Articles qui auront quelque doubte, demeurera aux ordres Generaux legitimement assemblez.

XVII. Le Gouuerneur n'aura autres gens pour sa suite, que ceux que les Ordres luy prescriront selon le temps & la saison, & n'en pourra demander d'auantage.

XVII. Le Gouuerneur & le Conseil qui luy sera donné par les Ordres Generaux pourront créer les Generaux d'armees, tant de terre que de mer; comme aussi l'Admiral, le Grand Escuyer, le Colonel de l'infanterie, & autres premieres charges de guerre.

XIX. Il ne pourra faire aucune leuee extraordinaire de gens à pied & à cheual, ny mettre aussi garnison dans les villes, sans le sceu & consentement des Ordres, & les aduis des habitans preallablement ouys.

XX. Ne pourra pareillement establir des Gouuerneurs aux Prouinces, sans le Conseil & consentement, tant des Ordres Generaux que des Prouinces : & prendra garde qu'ils

foient(fi faire fe peut)habitans d'icelles Prouinces ou Regions,& qu'ils y ayent des pof-
feffions & du reuenu, ou du moins qu'ils
foient agreables aux peuples aufquels ils
doiuent commander.

XXI. Il adminiftrera en temps de guerre
les plus importants affaires, & executera ce
qui luy fera prefcrit par le Confeil de guerre que les Ordres Generaux eftabliront prés
de luy.

XXII. Le Confeil de guerre qui ne regardera l'aduantage des Eftats ne fera point
executé, que les Ordres Generaux n'en ayēt
efté premierement infoimez.

Par le refte des articles qui fuiuent, il eft
ordonné qu'ils obferueront tout ce qui leur
fera commandé, & promettront par ler-
ment de l'executer; & par l'Aiticle vingt-
fixiefnie, ils s'attribuent la diftribution des
deniers, & la poffeffion de leurs threfors. Finalement, fi le Goûuerneur manque d'ob-
feruer ces Articles ou quelques autres, ils
declarent qu'ils pourront iuftement l'attaquer & luy faire la guerre.

Plus ample pouuoir ne fut donné au Comte de Leinceftre,lequel en l'an mil cinq cens
quatre vingt fept s'en retourna en Angleterre, pource qu'il n'auoit parmy eux que

les parements, & non l'authorité d'vn veritable Gouuerneur. Aussi dient-ils ouuertement, Que leurs Gouuerneurs ne peuuent rien, ou peu de chose sans le consentement des Ordres, d'autant qu'ils ne sçauroient disposer d'aucune chose, fors que du reuenu des impositions qui sont affectees à la nourriture & entretenement des charges de sa maison; Les Ordres s'attribuants en outre l'authorité de corrigerleur chef, non seulement de paroles, mais de fait; Et de chastier les Conseillets qui l'assisteront, ainsi que peu apres ilarriua à Leïden, ou les amis du Comte de Leincestre furent mis à mort.

Que font-ils donc autre chose, que de parer la Statuë de leurs Princes d'vn nom specieux, appellant leur Gouuerneur celuy qui n'a aucune faculté d'agir? Le Duc des Venitiens aux pompes publiques est Prince, au Conseil il n'est que Senateur; Captif dedans la ville, & dehors criminel; luy estant deffendu, sur peine de la vie, de sortir sans congé. Le Prince ou Gouuerneur dés Hollandois n'a rien de plus en apparence, & moins encore dedans les fanfares publiques.

C'est pourquoy Matthias ieune Prince fut conseillé par l'Empereur sur son frere, & par le Roy Catholique, de se retirer & mettre en liberté.

Peu de temps apres, sçauoir en l'an mil cinq cents quatre vingts deux, ils appelle-rent de France le Duc d'Alençon, frere du Roy, pour le masquer de cette qualité de leur Prince; Lequel estant arriué a Anuers auec magnificence, l'esleurent pour leur Gouuerneur, mais sans aucun pouuoir; de-quoy se sentant offencé, & qu'ils se moc-quoient, ne luy donnant qu'vne qualité imaginaire, il s'en voulut ressentir; Et apres y auoir perdu beaucoup de Noblesse & de soldats, il s'en retourna en France, publiant que les Flamans ne demandoient pas vn Prince pour leur commander, & qu'ils n'en vouloient que l'ombre seulement & la figu-re; Dont il ne se faut estonner, pour ce qu'ils n'auoient non plus d'enuie de se soubmet-tre à vn François qu'à vn Espagnol : mais bien de regir leurs mouuements soubs le nom d'vn Prince de France; Ainsi tout ce qu'ils negotierent auec le Duc d'Alençon ne fut que feintise, & la haine qu'ils por-toient aux François, ne demeura longne-ment sans estre descouuerte.

Leur dissimulation n'estoit encore alors venue à son periode: car estant haïs, tour-

mentez, & preſſez par les François, ils re-
coururent en Angleterre en l'an mil cinq
cens quatre vingts quatre, dont ils ramene-
rent pour la ſeconde fois le Comte de Lein-
ceſtre; mais à peine eut-il commencé de faire la charge de Gouuerneur, qu'vne partie
de ceux qui eſtoient prés de luy furent tuez,
ce qui luy donna occaſion de s'en retour-
ner.

Si donc ils n'ont peu ſouffrir leur Seigneur naturel, auſſi peu vn Allemand, François, ou Anglois : Qui ne veoit que ç'à eſté
pour eſtablir vne autre forme de Republique, & qu'ils n'ont appellé à eux des Princes
illuſtres que pour les honorer de tiltres ima-
ginaires, & garder par deuers eux les ſolides
& veritables?

Ils n'ont depuis ce temps là fait autres
choſes que d'exciter des broüilleries & ſouſ-
leuemens, ou bien de les appuyer & fauoriſer : car à quoy pouuoit tendre ce qui ſe paſ-
ſa en Angleterre pour la liberté? A quelle
fin ce qui eſt arriué en France auec les Huguenots? n'ont-ils pas enſemblément con-
ſpiré, fait des aſſemblées ſecrettes, & collectes de deniers, afin d'esbranler s'ils pou-
uoient le Royaume de France, & rendre la

puiſſance des Roys eneruée?

Henry quatrieſme ne l'ignora pas, duquel l'Ambaſſadeur aduertit ceux des autres Princes, lors que la Trefue entre Eſpagne & eux ſe negotioit, qu'il ne deſiroit l'agrandiſſement des Hollandois, & qu'il ne le iugeoit expedient pour ſon Eſtat , ny ceux de ſes voiſins.

Et toutefois le meſme Roy qui les a aſſiſtez puiſſamment d'argent & de forces, les a depuis eſpreuué pour les plus ingrats de tous les hommes , par ce qu'ils ont fait des menées clandeſtines auec les Huguenots de France , & ont opprimé le Roy Louys ſon fils autant qu'ils ont peu ; eſtant veritable que le Roy Louys ſe voyant agité par la diſcorde des Princes de ſon Royaume, voulut ſe promettre , qu'en ſouuenance des grands bienfaits que les Hollandois auoient receu de ſon pere , ils luy donneroient ſecours ; mais tant s'en faut qu'ils l'ayent aſſiſté, qu'au contraire ils ne voulurent permettre aux troupes Françoiſes qui ſont en garniſon dans leurs villes , & ſoldoyees par le Roy, d'aller deffendre la cauſe de leur Seigneur naturel, & preſſerent meſme ſa Maieſté au fort de ſes affaires, auec importunité,

d'enuoyer

d'enuoyer la folde qui leur eftoit deuë. Par
ainfi le Roy de France ne peut douter,
moins encore celuy d'Angleterre, qui a plus
grande cognoiffance des deportemens des
Hollandois que nul autre, qu'ils n'affection-
nent rien tant que le gouuernement populaire, & qu'ils defployeront volontiers leurs
efforts quant ils penferont mettre bas la
puiffance des Roys , quoy qu'ils ayent efté
par eux protegez.

En mefme temps par vn long chemin &
plein de perils, ils enuoyerent fecours aux
Venitiens à l'encontre du Roy Ferdinand,
qui ne les auoit oncques offencé , non pas
feulement de parolle; Pourquoy, ô Hollandois, auez vous abandonné le Roy de France à fon befoin, qui eft voftre voifin, qui s'eft
monftré Protecteur de voftre liberté , qui
vous a remis tant de millions d'or que vous
luy deuiez? Pourquoy auez-vous retenus fes
Regiments quant il les vous a demandé ? &
toutefois auec tant de foin & de defpence
vous fecourez les Venitiens : ce n'eft pas la
Religion qui vous y a conuié , par ce qu'ils
font tous deux Catholiques; Auffi peu auez-
vous confideré leurs merites , pource que
vous deuez au Roy de France ce que vous
poffedez , & mefme voftre vie & liberté.

D

Quelle peut eſtre donc la cauſe qui vous y a
inuité? la haine ſeule que vous portez à la
Royauté , & l'amour que vous auez pour
eſtablir l'Ariſtocratie & Democratie.

Vous auez troublé l'Allemagne d'vne
ſemblable furie , quand vous auez entrepris
de ſouſtraire du corps de l'Empire l'Arche-
ueſché de Cologne pour vous l'approprier,
& l'vnir à voſtre puiſſance , afin d'auoir ſuf-
frage à l'Eſlection de l'Empereur, & que par
apres vous puiſſiez diſpoſer de tout l'Empire.

Comment vous deffendrez-vous d'auoir
attacqué auec vne aimée le Duc de Brunſuich, & aſſiſté ſa ville contre luy, qui eſt pa-
rent proche du Roy de Dannemarch , & du
Marquis de Brandebourg, vos alliez & con-
federez ? Ce n'eſt en ce poinct que vous
pouuez alleguer la Religion : car iamais le
Caluiniſme ne fut plus violamment , con-
ſtamment , ny auec plus de rage attaqué
qu'en la ville de Brunſuich : ce qui monſtre
que c'eſt la ſeule haine que vous portez au
Gouuernement Ducal , & l'affection que
vous auez à celuy du peuple.

I'adiouſte que Magdebourg eſt entree en
ligue auec vous, & deſirerois ſçauoir à quelle fin ceſte Cité tant eſloignée de vous a

beſoin de voſtre amitié ? La Hollande qui
eſt ennemie jurée des ſubſides, n'auroit-elle
point leué les armes contre le Marquis de
Brandebourg, & le Duc de Saxe , ou contre
tous deux pour ce meſme ſuiet ? Pourquoy
contre la maiſon de Brandebourg qui vous
eſt alliée & intereſſee en voſtre amitié ? Ie
ſçay que vous me reſpondrez, que vous eſtes
preſts de faire la guerre pour toutes Citez
contre quelque Prince que ce ſoit , & que
vous ne conſidererez que les genres d'hommes, & non leurs cauſes.

Les villes Anſiatiques ſont auſſi vnies
auec vous, non pour autre ſubiet que pour
vous faire redouter par le Roy de Dannemarch, le Duc de Saxe & autres, que ces villes puiſſent ſous voſtre aueu faire teſte aux
Princes leurs voiſins, & s'ils peuuent les op-
primer.

Mais tout cela eſt vieil, vous haïſſez maintenant le Roy de France, & auez eſté ſi ou-
trecuidez de l'offencer ; vous vous eſtes
ioints auec l'Anglois, pource que vous auez
trouué trop de difficultez à esbranler le
Royaume de France, & qu'en celuy d'Angleterre vous eſperez d'y mieux dreſſer voſtre partie, pource qu'il n'eſt appuyé que ſur
vn heritier ; & toutefois vous vous eſtes re-

tirez du Roy de la Grand Bretagne, deſlors qu'il a proietté de s'allier auec Eſpagne: Ainſi vous cheriſſez auec plus de ſoin les Venitiens, & les villes Anſiatiques, & en faueur de l'Anglois auez fait mourir Barnauet amy des François.

Que ſi ces choſes ne ſont encore aſſez cogneues, apres la rebellion de Boheme, perſonne n'en peut plus douter. De tous ceux qui viuent ſous l'authorité des Rois, les plus libres eſtoient ceux de Boheme : neantmoins par vne cruauté barbare non vſitée entre Chreſtiens, ils ont precipité du haut en bas des feneſtres leurs Magiſtrats, nobles d'extraction & de vertu; & les ont condamnez à mort comme criminels, ſans toutefois ouïr leurs deffences; Auſſi-toſt les Ambaſſadeurs de Hollande y accoururent, qui offrirent de les aſſiſter; non contens de ce, ils courent aux autres Prouinces pour les eſmouuóir, afin qu'elles s'eſtabliſſent en Republiques, ſoient regies par des Directeurs, & que deſormais elles ne dependent que de leur ſeule volonté. D'autres Princes ont fauoriſé les Bohemes, mais pource que ce ſont perſonnes foibles d'aage & de iugement, il ſuffit de penſer quels ils ſont, ſans les nommer, leſquels pourtant doiuent conſiderer

en eux-mefme , quelle doit eftre vn iour la
forme de leurs Eftats, fi la Boheme , Silefie,
Morauie & Auftriche, ont quitté le commandement d'vn feul, pour ce ranger fous
celuy du Peuple ? Si Vlme & Noremberg
leur font iointes, qui doubte que Amber-
que & le haut Palatinat ne recherche la
mefme liberté? il eft infaillible que ces Directeurs ioindront a leurs marches tout ce
qui leur eft voifin ; & fe confiant en leur
puiffance, ils tireront les autres villes à leur
faction, & ne laifferont à leurs Princes que
ce qu'ils ne pourront leur enleuer : Que fi
l'on demande au Senat d'Vlme ou de Nuremberg pourquoy à leur dommage & en
pure perte ils épanchent tant d'argent parmy ces rebelles de Bohemes, contre l'Empereur?ils refpondront fans doute, que c'eft
afin que le gouuernement Ariftocratic ou
Democratic foit eftably parmy eux: Aufpac
& Brandebourg leurs voifins font à redou-
bter, que le Palatin leur eft fufpect, qu'il y a
toufiours quelque different à demefler entre les Princes & les Villes, & bien fouuent
des troubles,& que la Royauté eft toufiours
ennemie des villes libres. Ces mefmes rai-
fons que les Bohemes alleguent pour iufti-
fier leur rebellion contre leur Roy, ne man-

queront d'estre alleguées par ceux du Palatinat & des autres villes, voire peut-estre de
plus specieuses ; mais vous estes abusez si
vous croyez que ceux de Nuremberg, Spire,
Vvorme, vueillent que le Prince Palatin
deuienne puissant; tant s'en faut que leur in-
tention soit telle, que leur dessein est de de-
biliter la puissance des Princes leurs voisins,
afin de mieux affermir leur liberté ; le désir
n'est qu'vn, des Hollandois; Suisses, Venitiens, Bohemes ; & pour ce (dient-ils) que
ayans plusieurs differents à vuider auec
leurs voisins qui sont puissants, ils n'en peuuent auoir raison ; que iamais leurs Senateurs ou Syndics qui possedent des biens
dans le Palatinat, ne peuuent esperer aucune
recompense de ce que ce Prince leur de-
tient iniustement, & pource que la confede-
ration des Citez & peuples libres doit estre
fauorisée, que ceste entreprise auoit esté
proiettée il y a plus de quatre-vingts dix
ans, lors de la guerre des Paysants, quoy que
inconsiderément, mais que maintenant par
vne meure deliberation il falloit opposer les
Roys aux Roys, les Princes aux Princes, iusques à ce qu'estans affoiblis de part & d'autre, ils ne puissent forcer les villes à demeurer en leur obeyssance. Aussi n'ont-ils rien

tant à contre-cœur, que de veoir vne ferme paix entre France & Efpagne, & pour ce appellēt les Alliāces qui ont efté n'agueres faictes en eux ; Des mariages deteftables. Déslors ils n'ont ceffé de remuer tous moyens pour faire que l'Anglois fift la guerre, & s'abftint de l'Alliance d'Efpagne; Ceux de Boheme ne cōfiēt pas leur liberté à ceux qui leur ont procurée ; Mais quelle eft cefte liberté; veoir épuifer les finances par ces trente Directeurs, eftre trauaillez continuellement de coruees, opprimé par des gens de guerre; & pourtant ils fouffrent plus patiemment telles extorfions, qu'ils ne font leur Prince; d'autant qu'ils ont commis le commandement à plufieurs égallement, & donné l'authorité fouueraine à ceux de longue robbe par deffus ceux de l'efpée.

Ce que les Bohemes ont practiqué, n'ayāts declaré pour conducteur de leurs armées, celuy en qui tout le monde euft confiance, & qui euft auffi pouuoir fur eux de vie & de mort, & toutefois ils font tombez en telleś miferes, que n'ayant voulu fe confier aux Princes Sereniffimes, ils ont foubmis leurs tefte au Baftard de Mansfeld, homme fans foy, qui a violé tout droict diuin & humain, & qui ne peut difpofer fon efprit à luy pardonner. D'où vient que defefperez de leurs affaires, ils cherchent des Eftrangers qui foient fans probité pour les affiftei, & aufquels il ne puiffe tomber dans l'efprit, qu'vn iour ils puiffent regner en Boheme.

C'eft ce qu'ils ont appris des Hollandois, lefquels ont eu long temps en honneur Maurice leur Gouuerneur, qui n'auoit autre authorité que celle qu'ils luy auoient donnée, & luy ont oppofé Barnauel comme vn Fabius à Scipion, & Hanno à Hannibal; & depuis qu'ils l'ont veu accreu de l'hereditté de fon frere, ils ont commencé de le hayr, & l'euffent enuoyé en Oftracifme, comme il fe falloit anciennement; fi eftant plus fin & vigilant qu'eux, il ne les euft preuenus; & qu'apres la mort de Barnauel, il n'euft ietté dans les villes des Officiers & Magiftrats de fa faction; & pourtant la haine n'eft pas encore du tout efteinte contre luy, pource que l'apprehenfion qu'ils ont eu de tomber en fa feruitude, les trauaille encore, ou bien de celle des Anglois; d'où vient qu'ils defirent veoir toute l'Allemagne en rumeur.

Ce que deffus eft confirmé par ceux que les Princes employent en leurs negotiations, & par les façons dont leurs Confeillers ont couftume d'vfer. Ceux qui traittent

auiour-

auiourd'huy les grands affaires au Conſeil
ſecret des Princes, ſont volontiers contrai-
res aux Monarchies & Principautez, & n'ap-
preuuent que le gouuernement de pluſieurs; la plus grande part d'entr'eux eſtans
nez dans les affaires publiques, rapportent
volontiers leurs conſultations à leur profit
particulier : Qui peut dénier que depuis
l'annee mil cinq cents quatre-vingts dix, on
n'ait veu dans la Cour du Prince Palatin, à
Heidelberg, les Ambaſſadeurs des rebelles
de Hollande, eſtre preferez aux plus Nobles
& Comtes du pays, & que les Eſtrangers
eſtoient mieux traittez que les fils des Ci-
toyens de la ville ; Qui ne ſçait qu'ils ont
couſtume de ſeduire les Conſeillers des
Princes,& de ce les acquerir, afin qu'ils portent leurs Maiſtres à fauoriſer leurs affaires?

 Finalement ce Genre d'hommes, fin, cau-
teleux, impatient de commandement, ſe
gliſſent parmy toutes les Cours des Princes,
que le Roy de la Grand.Bretagne appelle
Puritains:& qu'ils ne ſoient tels,les Catholiques, Lutheriens, Caluiniſtes, & autres pre-
tendus reformez le teſmoignent;& tout ainſi qu'ils diſſippent la diſcipline Eccleſiaſti-
que; de meſme veulent-ils mettre en piece

la Monarchie pour en façonner vn regime
populaire.

Ainſi l'on veoit clairement que les perils
qui menacent les Roys & Princes, viennent
d'eux; & que par importunité ils ont forcé
les Bohemes à refoudre que ceux qui n'ap-
prouueroient leurs Synodes, fuſſent chaſſez
de leurs villes.

Les moyens qu'ils prattiquent pour renuerfer la plus ferme Monarchie ſont trois.
Les calomnies auec leſquelles ils rendent les
Monarques odieux ; Les feditions qu'ils al-
lument en leurs pays, & la guerre qu'ils y iet-
tent pour les faccager : Ceux rempliſſent la
terre de menſonges & d'impoftures , qui
ſont fi ofez que d'entreprendre contre les
Roys ; āuſſi n'y a-il rien de fi expofé aux ca-
lōmnies que les actions de ceux qui re-
gnent, eſtant au pouuoir de ceux qui viuent
en vne liberté effrenee d'en bien parler. Ab-
falon calomnia fon pere qui eſtoit Roy &
Prophete, Tes propos(dit-il)femblent bons,
mais perfonne n'eſt commis par le Roy
pour en iuger.

Ce mal eſt né auec le gouuernement populaire,veu que mefme dans la Republique
Romaine il ne s'eſt trouué vn feul Tribun
du peuple qui n'aye accufé de crime les Cō-

ſuls & le Senat. La matiere pour meſdire eſt
ample dans vn Royaume , parce que pluſieurs qui ne ſçauent les cauſes de ce qui ſe
fait, blaſiment les Rois de tyrannie, prennent
leurs pretextes ſur les impoſitions & peages
qu'ils leuent, les abaiſſent autant qu'ils peuuent; calomnient (ſi beſoin fait) les biens
qu'ils ont receus, & ſe vantent ſouuentefois
d'eſtre en leur pouuoir de ietter la guerre
dans leurs Eſtats, & de l'y nourrir par impo-
ſtures; Non contents des calomnies, ils y ad-
iouſtent les effects , & diſſipent les puiſſan-
ces : Sement des haines parmy leurs ſubiets,
ſoupçons, diſſenſions , & les entretiennent
curieuſement, ainſi que clairement ie le puis
monſtrer.

Il y a eu pluſieurs diſcordes en France : &
ceux qui cherchent de diuiſer ce Royaume,
& au lieu d'vn Roy faire pluſieurs Ducs ,
pour eneruer ceſte puiſſance , ils aſſiſtent la
faction contraire à la Royauté. C'eſt pourquoy les Hollandois reſuſerent d'ennoyer
au Roy ſa milice de Lentgraue de Heſſen, le
palatin , auec leſquels la France eſt nouée
d'ancienne Alliance, ont fauoriſé les ſecours
ennoyez contre le Roy, aydent pluſtoſt à la
nation qu'au Roy, non pas les Princes meſme, mais leurs Conſeillers qui appuyent la

Democratie , & lefquels publient à haute voix qu'il vaut mieux deffendre Bouïllon que Bourbon.

Mais quelle en a efté l'iffuë ? Les princes voyant le Roy fur le poinct d'eftre le Maiftre , s'offrent à le fecourir. Quant aux Confeillers des princes d'Allemagne , qui font à la folde des Hollandois , leur but eft que la puiffance Royalle foit diffipee , afin que les princes venans à s'affoiblir , les villes fe puiffent conferuer en liberté; laquelle quelques-vnes de France fe font efforcees d'vfurper: & toutes fe nourriffent ei cefte efperance: Car à quelle occafion vn vieillard de Brabant euft-il perfuadé à vn ieune prince qu'il ioigniſt fes forces à ceux qui affailloient vn ieune Roy , finon pour renuerfer la Royauté , & monftrer aux fubiets du Palatinat , de quelle forte ils pourront vn iour agir à l'encontre de leur prince?

D'auantage, y a il rien de plus pernicieux, ny de plus vfité parmy eux, que de fufciter des ennemis aux Rois , afin de les affoiblir? ce que toutefois nous leur voyons practiquer tous les iours. Ceux de Brabant par Mer & par Terre, depuis le Leuant iufques au Couchant, font en quefte de quelque ennemi puiffant qui ofe attaquer le Roy d'Efpagne, ou ceux qui luy attouchent de proximité de sang, ou d'affinité.

Auec quel effort ont ils assisté les Venitiens contre Ferdinand ? & maintenant par des grandes promesses ils eschauffent les esprits des Bohemes , & essayent d'esbranler toute l'Allemagne. Ils se persuadent que quant la maison d'Austriche seroit rentree dans ses Royaumes & Prouinces, & qu'elle auroit aneanti le regime populaire, en s'alliant auec les Suisses, Venitiens, villes Anfiatiques & Imperialles, ils ne seront pas seulement assez forts pour luy faire teste , mais qu'ils pourront reduire sous leur puissance les autres Princes.

Ils ne se seruent de la Religion sinon entant qu'elle leur est vtile pour les agrandir, ainsi que tous leurs deportements le demonstrent. Les Venitiens qui sont Catholiques sont alliez du Roy Tres-Chrestien, du Duc de Brunsuich Lutherien, des Suisses Iuingliens, des Bohemes Huslites, Picardites Lutheriens; ils ont chez eux leurs Armeniens , & quoy qu'ils eussent bien merité d'eux, si les ont-ils mis à mort, bannis, confisqué leurs biens, detenus prisonniers, & notez d'infamie. Mais quel erreur reprennent-ils en la Doctrine des Armeniens, puis que les Lutheriens enseignent la mesme chose; si l'on considere cinq principaux poincts? comment peuuent-ils donc estre Protecteurs de la foy des Bohemes, Silesiens, & de ceux d'Austriche, veu qu'ils se vantent d'estre les deffenseurs des Euangeliques, puis qu'en leur maison ils chastient si rudement ceux qui faillent en moins d'articles de leur foy? Tous leurs desseins ne tendent qu'à reduire les Rois & Princes en Ordre, que le peuple & les Eleus tirez des plus bas sieges, ayent le commandement absolu.

Et afin que les Princes Protestans ne découurent leurs desseins, & qu'ils dorment sans soupçon ou deffiance de tels perils, ils feignent de nouueaux pretextes, & les intimident d'vne tyrannie Papale ou Espagnole, la liberté de la Religion, l'esperance d'occuper les Eueschez; & quand les Princes se feront longuement entrebattus, ils puissent enuahir les plus foibles, & donner le gouuernement au peuple.

Et pour ce, esueillez-vous, ô Rois & princes, pour deffendre vos droicts & vos Majestez, protegez les Rois & princes vos voisins: Ce que les Anglois ont osé, les Anglois l'entreprendront; Ce que les Bohemes ont executé, les Saxons feront le mesme, & ne

leur manqueront pour ce faire les hommes
ny l'occafion. Qui deffend les rebelles, il ap-
prend à fes fubiets de ce reuolter. Qui prefte
l'oreille aux Eftrangers qui calomnient leur
Magiftrat, il ouure la porte aux feditions in-
teftines; & fi vous preftez fecours aux rebelles contre leur Roy, quand ils auront vain-
cu leur naturel Seigneur, ils armeront les
voftres contre vous.

FIN.

---

*Par grace & priuilege du Roy, il eft permis à Pierre Ro-
colet Marchand Libraire a Paris, d'imprimer & debi-
ter vn Liure intitulé Aduis pour la conferuatió des Royaumes & principautez, fur le fubiect des guerres de ce temps.
Auec deffences à tous autres Imprimeurs & Libraires, de
le contrefaire, à peine de deux cents liures d'amende, comme plus à plain eft porté par fes Lettres de Priuilege, pour
le temps de denx ans, Données à Paris le 11. Januier 1620.*

Signé

DV LYS.

Seconde Edition.